WE THE DREAMERS

NOSOTROS LOS SOÑADORES

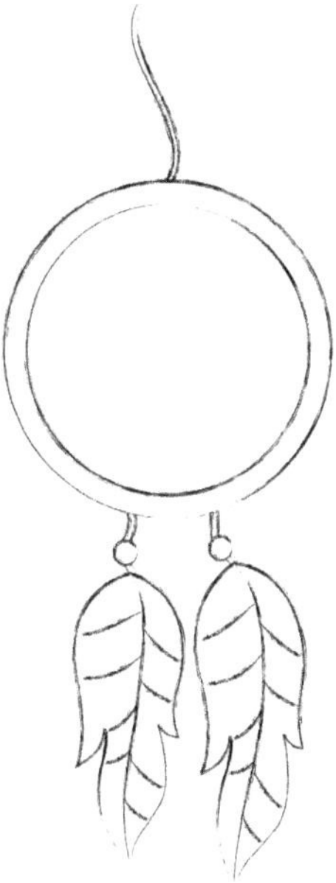

WE THE DREAMERS

A bilingual guided journal for children to encourage them to explore and discover their heritage and family history.

CAVENA PRESS

Content

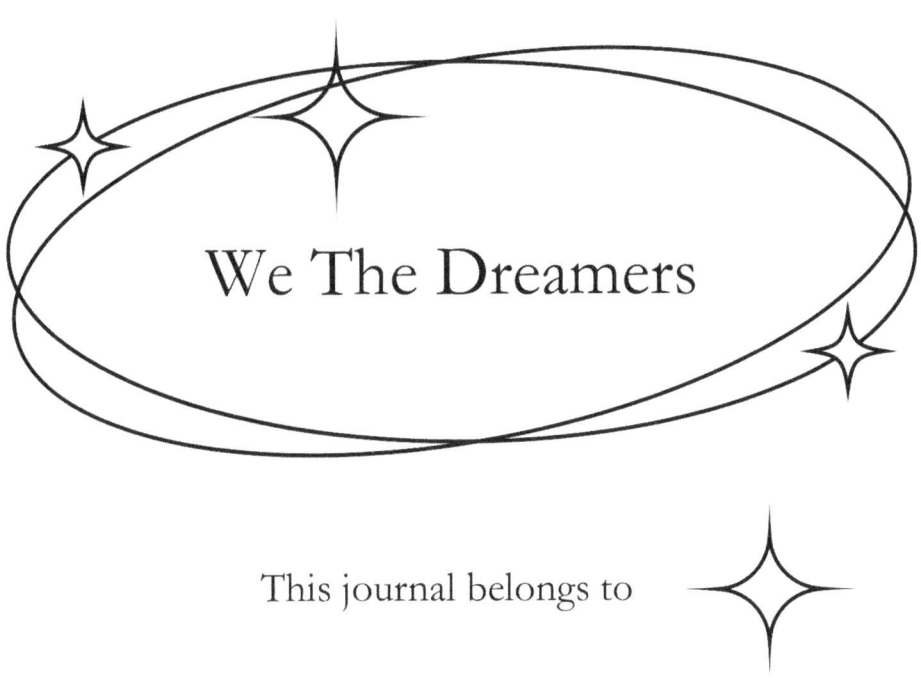

We The Dreamers

This journal belongs to

Introduction

The United States - A Land Built by Immigrants

Did you know that the United States was built by people from around the world who came here to make it their new home? These people were called immigrants which means that they left their home country to start anew in a foreign land.

The first immigrants came to America before the arrival of the Pilgrims on the Mayflower in 1620. They met with the natives, the original inhabitants of the United States. Upon arrival, immigrants faced many challenges, such as learning a new language and adapting to a different climate. Despite these challenges, they made friends, started families, and built new communities, bringing with them their language, celebrations, traditions, and foods.

Immigrants have played a significant role in the growth of the United States. They have contributed to the construction of our roads, cities, and bridges, and have created many amazing inventions. Our country would be vastly different without their contributions.

The United States is known for its diversity, which is due to the presence of immigrants from different parts of the world. We should celebrate and honor the diversity of our nation, and remember that the next person we meet who looks or sounds different may have an incredible story to share as an immigrant.

About This Guided Journal

This guided journal is your key to unlocking the history of your family and cultural heritage in a fun and engaging way. By learning about your family's traditions, holidays, and cultural cuisine, you can gain a better understanding of your family's unique story and cultural roots and develop a better sense of self.

With a variety of prompts and exercises, you will have the opportunity to explore your family's past and present, as well as connect with your cultural heritage. From creating your family tree to gathering memorabilia, this journal will guide you through a journey of self-discovery and cultural exploration.

Whether you're just starting to learn about your family's heritage, or you already know a lot about your cultural traditions, this journal is designed to help you gain a deeper appreciation for your family and cultural identity. We hope you find this journal to be a valuable and meaningful tool as you journey through your family history and cultural heritage.

Welcome to the "We the Dreamers Guided Journal"!

① Basic Family Tree
♡ · · · ♡ · · · ♡ · · · ♡ · · · ♡ · · · ♡

A family tree is a visual representation (it could be a chart or a drawing) that shows the connection and relationship of family members.

Objective: To help you understand who your family members are and how they are interconnected.

What you'll need:
- Paper (cardstock or regular printer paper); you can choose a single color or use different colors for different generations.
- Drawing tools: Pencils, crayons, markers, paints, anything to unleash your creativity!
- Decorations: Photos, magazine clippings, stickers, glitter, buttons, whatever makes your map pop!
- Glue or adhesive tape.

Instructions: In a different sheet of paper, begin by placing the photos, drawings or names of both your grandparents on the same level.
Then, connect the grandparents with lines to their children (your parents).

From there, continue the pattern by adding your own name and your siblings' names, if applicable. For inspiration, search for family tree images online and choose one that suits your style. Adapt it to your liking and make it your own.

All About Me

My name is:

My birthday is on:

Your picture here

I am _____ years old.

My name suits me because:

My perfect birthday would look like:

My favorite hobbies are:

Something I can do really well is:

I am in _____ grade.

I live in:

I was born in (country or city):

I have

_____

siblings.

My favorite season of the year is

_____

because:

I live with (parents, siblings, cousins, uncles, etc.):

My favorite foods are:

My favorite color is:

A few words that describe my personality are:

My best friends are:

When I grow up, I want to be a:

_____

My favorite book or story is:

My favorite movie is:

If I had to become an animal or plant for a week, I would choose to be a

_____

because:

I would like to have the magic power of:

My favorite song is:

My favorite sport is:

I would use that magic power to:

Some places or countries I'd like to visit are:

③ Discovering My Family Immigration Journey

Objective: To explore the origins of your ancestors, understand why they migrated to the United States, and their journey to this new land.

Instructions: Interview a family member born outside the United States (parent, grandparent, etc.). Use the questions below as a guide, or come up with your own. Don't forget to include some family photos or drawings to make it more personal.

<u>Note:</u> If a question is not applicable, mark it N/A and move to the next.

General Family Related Questions

Family Member's Name: _____

Relationship to you: _____

1. Do you know the origins of our family and where they lived?

_____

_____

_____

2. How did our family come to live there?

_____

_____

_____

3. Where did they settle in the United States?

_____

_____

_____

4. Did they speak English?

_____

_____

5. Were members of our family wealthy or poor?

_____

_____

6. What were the reasons our ancestors came to the United States?

_____

_____

7. How did they make a living?

_____

_____

8. Are there any notable figures or anyone interesting in our family's history?

_____

_____

9. Do we have old family photos that show who our earliest relatives were?

_____

_____

_____

10. Where were you born and grew up?

_____

_____

_____

11. When did you first arrive in the United States?

_____

_____

_____

12. What led to your decision to move to the United States?

_____

_____

_____

Individual Questions:

13. How did you come here?

_____

_____

_____

14. What was your journey like?

_____

_____

_____

15. Did you face any challenges during your journey?

_____

_____

_____

16. How did you feel leaving your country?

_____

_____

_____

17. Which city did you arrive in the United States?

_____

_____

_____

18. Did you speak English? If not, what language did you speak?

_____

_____

19. What was it like learning English?

_____

_____

20. Did you go to school or college in your home country?

_____

_____

21. How was it attending school in your country?

_____

_____

22. Did you have any friends?

_____

_____

23. What was your favorite subject at school?

_____

_____

24. Did you go to school or college here in the United States?

_____

_____

25. How was it attending school in a new country?

_____

_____

26. How did you make new friends?

_____

_____

27. What are some differences between life in the United States and your home country?

_____

_____

_____

28. Is there anything you miss about your country?

_____

_____

29. What advice would you give someone who is new to the United States?

_____

_____

30. What can I do to help new members of the community feel welcome and included?

_____

_____

 # Family Celebrations and Traditions

Traditions

Before starting this part of your family exploration, do some research about traditions and its significance.

You can use the following questions to guide you, and as you explore further, add your own notes on the next page!

a) What is a tradition?

b) Provide some examples of tradition (naming traditions, cooking traditions, etc.).

c) Do all families practice the same traditions?

d) What is the importance of traditions?

e) How do family traditions keep families connected to their culture or community?

Now that you have a little bit more information about traditions, let's dive in to find out about your family's traditions! You can continue the conversation with the same relative or interview a different one.

1. Are there any family traditions that our family has kept up over the years?

_____

_____

_____

2. What is your favorite family tradition?

_____

_____

3. When do you practice this tradition?

_____

_____

4. When and who started this family tradition?

_____

_____

5. What about naming traditions; did we have any naming ritual?

_____

_____

6. Is there a family heirloom that has been passed down through generations?

_____

Celebrations

1. What are some special days or reasons to have celebrations in your native country?

_____

_____

_____

2. When is independence day in your home country?

_____

_____

_____

3. Can you draw me a picture of the country's flag?

4. What is the most famous celebration in your home country, and what is this celebration about?

_____

_____

_____

6. What type of foods, outfits or music are used for this celebration?

_____

_____

7. Are there any celebrations from your country that are celebrated here in the United States? If so, when and where does it take place?

_____

_____

Traditional Foods

1. What are some traditional dishes from your country?

_____

_____

_____

2. Do you still cook them here?

_____

_____

3. What was your favorite food when growing up?

_____

_____

4. Do we have any special family recipes? If so, how is it made?

_____

_____

_____

5. Can you share a simple family recipe I could prepare?

_____

_____

_____

_____

_____

_____

_____

_____

_____

_____

_____

_____

_____

_____

 # Self Reflection

I can make recently arrived neighbors feel welcomed by…

_____

_____

_____

At school, I can help recently arrived students by…

_____

_____

_____

Some ways we are all the same, everywhere are…

_____

_____

Some ways we are all different are…

_____

_____

_____

Some ways to celebrate how we are different are:

United States is a diverse country because…

One good thing that can come from experiencing another culture besides my own is…

Fun Family Activities

I The following activities can be done all together as family, with the help of a relative, or on your own. Gather the following supplies and get ready to have fun!

Let's go!

The Inverted Family Tree:
A Fun Twist!

I The following activities can be done all together as family, with the help of a relative, or on your own. Gather the following supplies and get ready to have fun!

Take the family tree to the next level by inverting it! Begin at the top with yourself and your siblings (if any), then work your way down to the last person in your family. Enjoy the unique perspective this approach provides!

What you'll need:

- Paper (cardstock or regular printer paper); you can choose a single color or use different colors for different generations.
- Drawing tools: Pencils, crayons, markers, paints, anything to unleash your creativity!
- Decorations: Photos, magazine clippings, stickers, glitter, buttons, whatever makes your map pop!
- Glue or adhesive tape.

Life Map

Ready to explore your amazing journey so far? Let's build a life map, a cool timeline of all the wonderful things that have happened in your life!

Step 1: Gather your supplies!
- Paper: Your canvas! Choose one big sheet or smaller pieces to join later.
- Drawing tools: Pencils, crayons, markers, paints, anything to unleash your creativity!
- Decorations: Photos, magazine clippings, stickers, glitter, buttons, whatever makes your map pop!
- Yarn or string: To connect important moments like a magical thread.
- Glue or adhesive tape.

Step 2: Think back in time!
- Close your eyes and imagine yourself as a tiny you. What are some of the earliest memories you have? Your first birthday, a special trip, learning to ride a bike? Jot them down or draw little pictures.
- Now, travel through time like a superhero! What are some other important moments that shaped you? New friends, school plays, exciting hobbies, funny family adventures? Add them to your map!

Step 3: Get creative!
- Use your drawing tools to bring your memories to life. Decorate your birthday party scene with sparkly stickers, or make your first bike a zooming rocket!

Don't forget your decorations! Glue on photos of special people, stick magazine pictures of things you love, or add glitter to make your map sparkle like your amazing personality.

Step 4: Connect the dots!

- Use yarn or string and to connect your memories in chronological order. See how your life is like a cool journey, each moment leading to the next!
- You can even add little flags or tags on the string with short descriptions of each moment.

Step 5: Share your story!

Show off your awesome life map to your family and friends! Tell them about the stories behind each picture, decoration, and connection.

Remember, there's no right or wrong way to create your life map. It's all about celebrating your unique journey and having fun along the way!

Bonus Tip: Keep adding to your life map as you make new memories! This cool timeline will forever show how amazing you are and all the incredible things you've achieved.

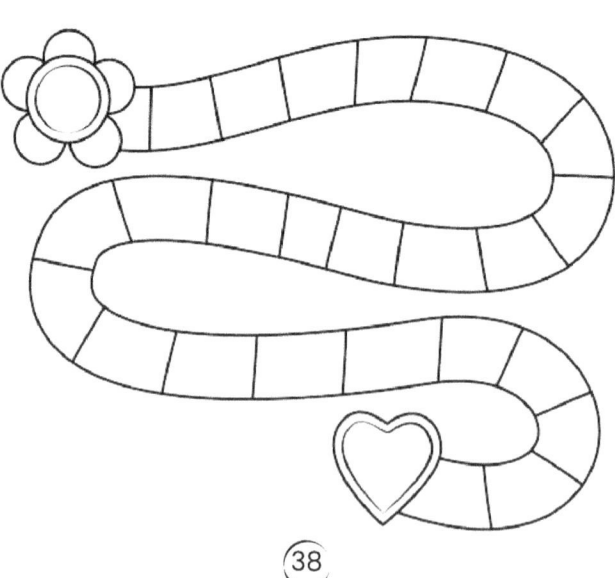

Cultural Tradition Square

Choose a family tradition to explore through writing and drawing. Create a square that describes the tradition and its significance. Reward yourself with your favorite snack if you compare your family tradition to others around the world!

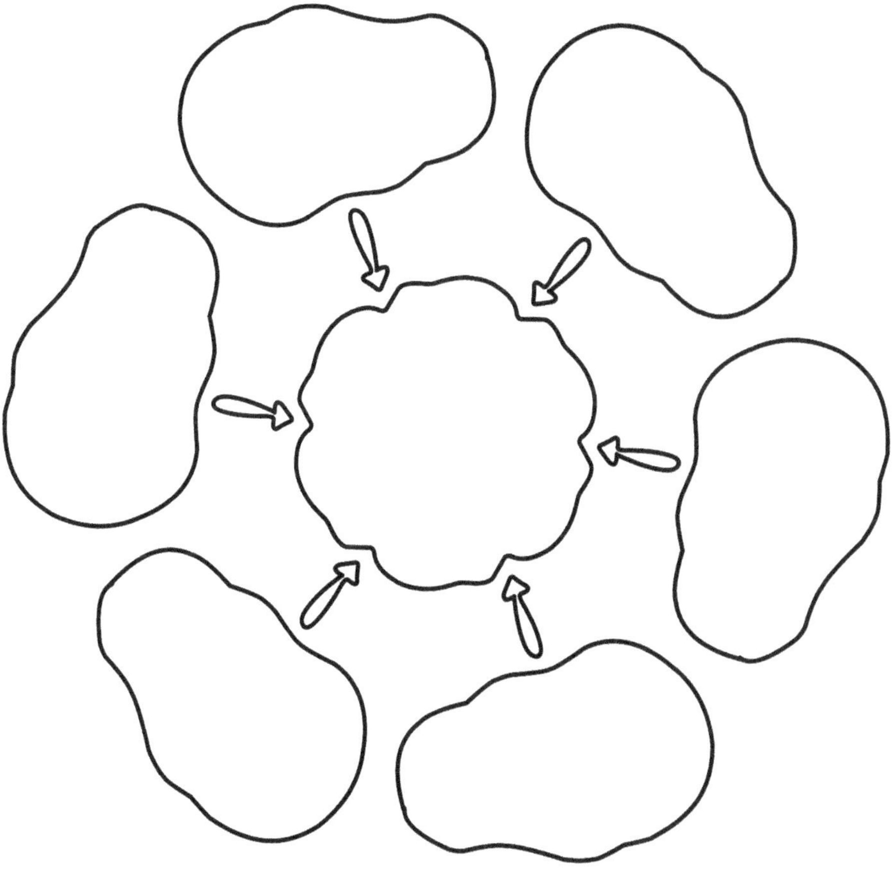

Cultural Snippet

In the box below, draw the flag of a country other than your own. Below the box, share three facts about the culture, traditions, or customs of that country. Compare and contrast the culture of this country with your own. Identify any similarities or differences in traditions or customs.

First Experiences Letter

Imagine that you are one of your ancestors just arriving in the United States. Write a letter to a friend or relative describing the experience.

Date _____

Dear _____

_____

_____

_____

_____

_____

_____

_____

_____

_____

_____

_____

A Literal Tree

If your family could be represented as a tree, what kind of tree would it be?

Instructions: Close your eyes and take a deep breath. Imagine you're on a sunny adventure, exploring a forest filled with towering trees. Feel the sunlight filtering through the leaves, hear the rustle of the wind, smell the earthy scent of the bark... Then, open your eyes and ask, "If my family was a tree, what kind would it be?" Draw it next.

Hint! You can answer the following guiding question to help you draw your tree, or jump right into drawing:

Trunk and bark

- What does your tree look like? Is it tall and strong or small and whimsical?
- Is the bark rough and bumpy, smooth and shiny, or somewhere in between?
- What color is the bark?
- Does it have any interesting patterns or markings?

Branches

- How are the branches arranged on the trunk?
- Do they spread out widely, grow close together, or spiral upwards?
- Do small twigs grow from the branches? Are they bare or leafy?

Leaves

- Are the leaves big and broad, small and needle-like, or somewhere in between?
- Do they have smooth edges or jagged teeth?
- What color are the leaves? Do they change color throughout the year?
- Are the leaves smooth, rough, hairy, or somewhere in between?

Overall Impression

- What kind of feeling does the tree evoke in you?
- Does it seem happy and lively, mysterious and ancient, or something else entirely?
- What makes this tree special or different from other trees you've seen?
- If the tree could talk, what story would it tell?

Travel Journalist

Pick a relative's hometown and do some research on how it was during your relative's time. Look at newspaper articles, old pictures, vintage postcards, memorabilia, etc. Then, imagine you are a journalist who writes about traveling and tourism, and write a brief article for the local newspaper highlighting the town's attractions.

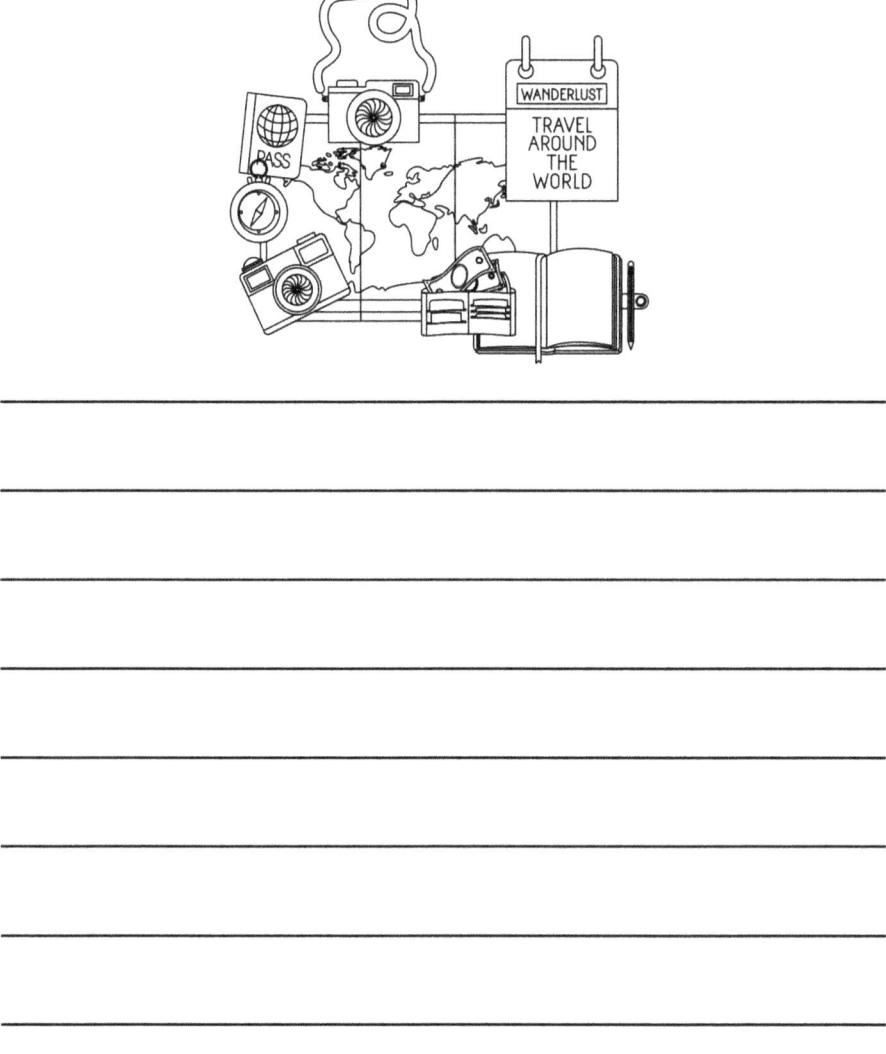

_____

_____

_____

_____

_____

_____

_____

_____

A Familiy Recipe

Recipes are instructions that tell you how to make food at home. Ask one of your relatives for an easy-to-make family recipe. In the template below, make a list of the ingredients and write down the steps to cook it. Then cook it together! Remember to take pictures of your culinary piece and glue them here in your journal.

Recipe Name: _____

Ingredients:

_____   _____

_____   _____

_____   _____

_____   _____

_____   _____

_____   _____

How to Make:

_____

_____

_____

_____

_____

Family History Collage:
A Treasure Trove of Memories

Make a vibrant tapestry of your family's story, woven from fragments of memory, snapshots of time, and whispers of the past! It's a chance to celebrate your heritage, connect with loved ones, and create a unique heirloom for generations to come.

Gather your materials:

- Large canvas or poster board: Choose a sturdy surface big enough to showcase your family's story.
- Photo treasures: Dig through old albums, scan digital files, or pull out cherished portraits. Choose photos that evoke emotions and capture memorable moments.
- Paper ephemera: Ticket stubs, postcards, letters, newspaper clippings, even childhood drawings - these pieces add dimension and tell untold stories.
- Decorative elements: Ribbons, lace, fabric scraps, buttons, dried flowers - let your creativity blossom and personalize your collage with meaningful materials.
- Adhesive (acid-free for photos): Choose a reliable adhesive that won't damage your precious treasures.
- Scissors or craft knife: For cutting photos and adding decorative elements.
- Markers or pens: To add handwritten annotations, dates, or even funny family quotes.

The journey begins:

1. Brainstorm together: Gather your family, young and old, and share stories, memories, and anecdotes. Jot down key events, funny moments, and significant people to include in your collage.

2. Theme it or free-flow: Do you want a chronological journey through generations, a celebration of family traditions, or a focus on specific individuals? Decide on a theme or let the stories guide your layout.

3. Arrange and layer: Play with photo sizes, positions, and overlaps. Create focal points using larger photos or meaningful objects. Don't be afraid to layer ephemera and decorations to add depth and texture.

4. Let memories speak: Add handwritten captions, dates, names, or funny quotes next to photos and objects. These snippets will breathe life into your collage and spark future conversations.

5. Personalize it: Use family heirlooms, trinkets with sentimental value, or homemade artworks to make your collage truly unique. This adds a personal touch and tells a deeper story.

6. Make it yours: This is your family's story, so don't be afraid to inject your own personality and creative flair. Use fun fonts, color schemes, and layout styles that resonate with you.

7. Celebrate and share: Once complete, gather your family for a grand unveiling! Share stories behind the photos, laugh at forgotten moments, and celebrate the journey of creating this timeless treasure.

Remember:
- There are no wrong ways to create a family history collage. It's your story, your canvas, your treasure.
- Have fun, be playful, and embrace the process of discovery.
- This is a collaborative effort, so involve everyone and let their memories shine through.
- Most importantly, enjoy the journey of learning about your family, strengthening bonds, and creating a tangible piece of your shared history.

Summary About My
Family & Culture

Our family is originally from:

Games we enjoy playing together:

In our home, we speak:

Outdoor activities we do together:

Books we enjoy reading together:

Music we enjoy
listening to together:

Some recipes/food we
enjoy making together:

We like to celebrate special days
such as:

Some of my family
traditions:

Some traditional food we prepare in
the home:

Grab you coloring supplies and
enjoy the next coloring pages!

Colecta tus suministros para colorear y
¡Disfruta de las próximas páginas para colorear!

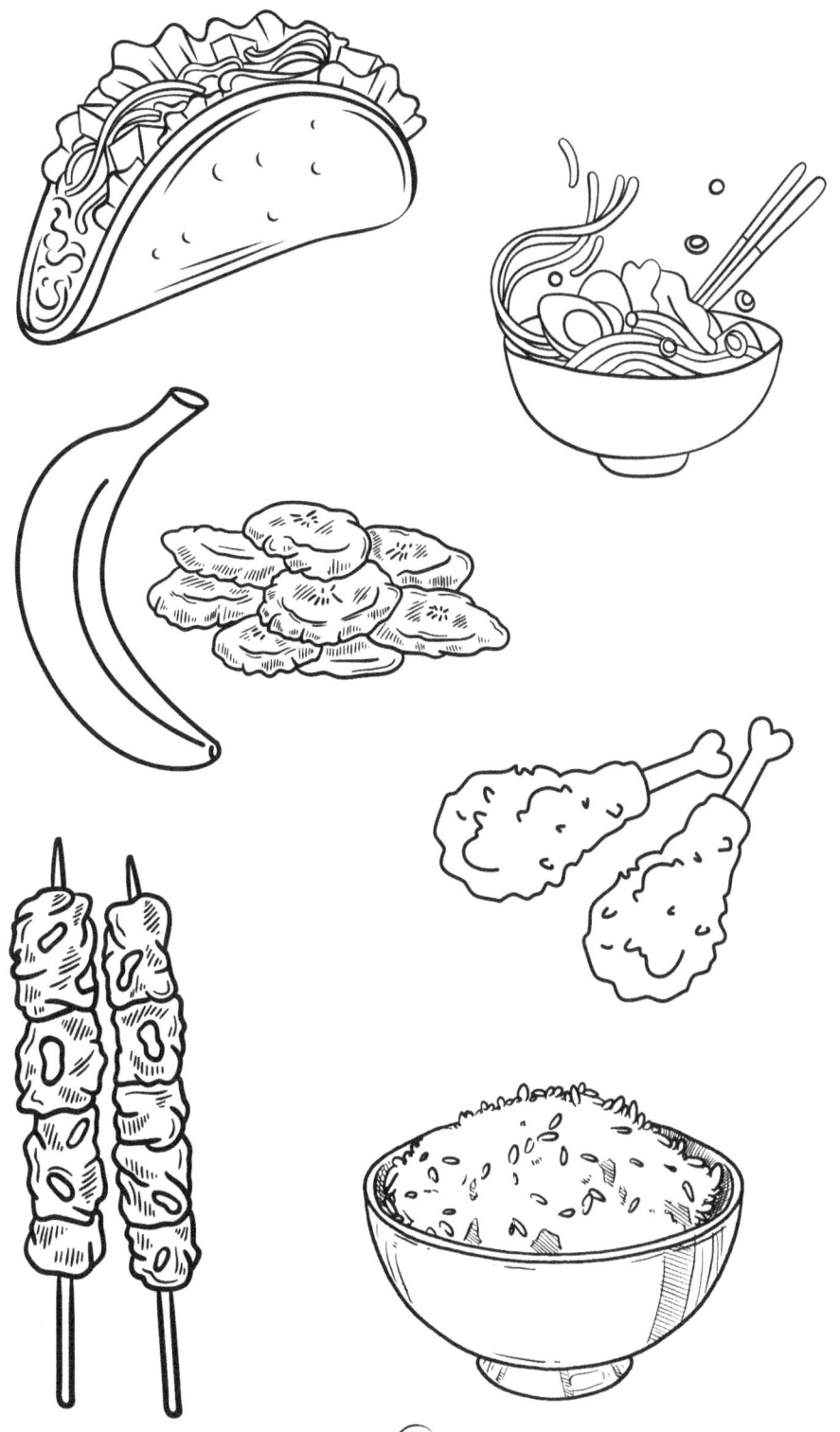

65

NOSOTROS LOS SOÑADORES

Un diario guiado bilingüe para que los niños
compartan y aprendan sobre su herencia
e historia familiar

Contenido

NOSOTROS
LOS SOÑADORES

ESTE DIARIO PERTENECE A

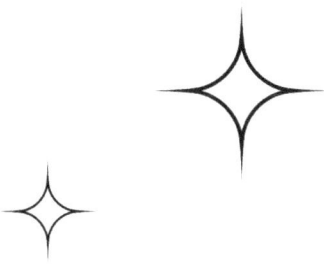

Introducción

Estados Unidos: Un país construido por inmigrantes

¿Sabías que Estados Unidos fue construido por personas de todo el mundo que vinieron aquí para convertirlo en su nuevo hogar? A estas personas se les llamó inmigrantes, lo que significa que abandonaron el país donde nacieron para empezar de nuevo en una tierra extranjera.

Los primeros inmigrantes llegaron a Estados Unidos antes de la llegada de los peregrinos en el Mayflower en 1620. Conocieron a los nativos, los habitantes originales de los Estados Unidos. A su llegada, los inmigrantes se enfrentaron a muchos desafíos, como aprender un nuevo idioma y adaptarse a un clima diferente. Con el tiempo, hicieron amigos, formaron familias y construyeron nuevas comunidades, trayendo consigo su idioma, festividades, comidas, costumbres, tradiciones.

Los inmigrantes han jugado un papel importante en el crecimiento de Estados Unidos. Han contribuido a la construcción de nuestras carreteras, ciudades y puentes, y han creado muchos inventos sorprendentes. Nuestro país sería muy diferente sin sus contribuciones.

Debido a la presencia de inmigrantes de diferentes partes del mundo, Estados Unidos es conocido como un país de mucha diversidad cultural. Debemos celebrar y honrar dicha diversida y recordar que la próxima persona que encontremos que se vea o suene diferente puede tener una historia increíble que compartir como inmigrante.

Acerca de este diario guiado

Este diario guiado es la clave para descubrir la historia de tu familia y tu patrimonio cultural de una manera divertida y atractiva. Aprender sobre las tradiciones, las festividades y la cocina cultural de tu familia, te ayudará a comprender mejor la historia y raíces culturales de tu familia y desarrollar un mejor sentido de quién eres.

Las indicaciones y ejercicios que encontrarás en éste diario te darán la oportunidad de explorar el pasado y el presente de tu familia, así como conectar con tu herencia cultural. Desde la creación de un árbol genealógico hasta la recopilación de recuerdos, este diario te guiará a través de un viaje de autodescubrimiento y exploración cultural.

Ya sea que recién estás comenzando a aprender sobre la herencia cultural de tu familia o que ya sepas mucho sobre ello, este diario te ayudará a tener un conocimiento y apreciación más profundos. Esperamos que resulte ser una herramienta valiosa y significativa a medida que recorres tu historia familiar y tu herencia cultural.

¡Bienvenido al «Diario Guiado Nosotros los Soñadores»!

El Árbol Familiar

♡ • • • ♡ • • • ♡ • • • ♡ • • • ♡ • • • ♡

El árbol familiar es una representación visual (puede ser un cuadro o un dibujo) que muestra la conexión y relación entre los miembros de la familia.

Objetivo: Ayudarte a comprender quiénes son los miembros de tu familia y cómo se relacionan entre sí.

Lo que vas a necesitar:
- Papel (cartulina o papel de impresora normal); puedes elegir un solo color o utilizar diferentes colores para diferentes generaciones.
- Herramientas de dibujo: Lápices, crayones, marcadores, pinturas, ¡cualquier cosa para dar rienda suelta a tu creatividad!
- Decoraciones: fotografías, recortes de revistas, pegatinas, brillantina, botones, ¡lo que sea que haga que tu mapa destaque!
- Pegamento o cinta adhesiva.

Instrucciones:
En una hoja separada, comienza colocando en el mismo nivel las fotos, dibujos o nombres de ambos abuelos. Luego, usando líneas, conecta a los abuelos con sus hijos (tus padres). A partir de ahí, continúa el patrón agregando tu propio nombre y los nombres de tus hermanos, si corresponde. Para inspirarte, busca imágenes de árboles genealógicos en línea y elige una que se adapte a tu estilo. Adáptalo a tu gusto y hazlo tuyo.

Todo Sobre Mí

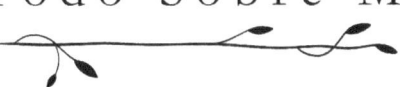

Me llamo:

Cumplo años el:

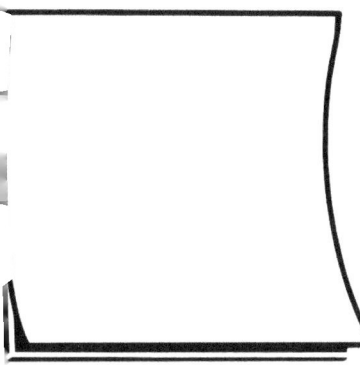

¡Tu foto aquí!

Tengo _____ años.

Mi nombre me
queda bien porque:

Mi cumpleaños perfecto sería...:

Mis pasatiempos favoritos son:

Algo que puedo hacer realmente bien es:

Estoy en _____ curso.

Vivo en:

Nací en (país o ciudad):

Tengo

_____

hermanos.

Mi estación preferida del año es

_____

porque:

Vivo con (padres, primos, tíos, etc.):

Mi comida favorita es:

Mi color favorito es:

Algunas palabras que describen mi personalidad son:

Mis mejores amigos son:

De grande, quiero ser:

Mi historia o libro favorito es?

Mi película favorita es:

Si tuviera que convertirme en un animal o una planta durante una semana, elegiría ser un:

_____

Porque:

Me gustaría tener el poder mágico de:

Mi canción favorita es:

Y usaría ése poder para:

Mi deporte favorito es:

Algunos lugares o países que me gustaría visitar son:

③ Descubriendo la Historia de Inmigración de mi Familia

Propósito: Explorar los orígenes de tus antepasados, comprender por qué emigraron a los Estados Unidos, y su viaje a esta nueva tierra.

Instrucciones: Entrevista a un miembro de tu familia que hayanacido fuera de los Estados Unidos (padre, abuelo, etc.). Puedes utilizar las siguientes preguntas como guía o crear las tuyas propias. Házlo más divertido incluyendo fotografías o dibujos familiares.

<u>Nota:</u> Si alguna pregunta no corresponde, marcala como N/A y pasa a la siguiente.

Preguntas generales relacionadas con la familia:

Nombre del familiar: _____

Relación del familiar contigo: _____

1. ¿Conoces los orígenes de nuestra familia y dónde vivían?

_____

_____

_____

2. ¿Cómo llegó nuestra familia a vivir aquí?

_____

_____

_____

3. ¿Dónde se establecieron en Estados Unidos?

_____

_____

_____

4. ¿Hablaban el idioma inglés?

_____

5. ¿Eran los miembros de nuestra familia ricos o pobres?

_____

_____

6. ¿Cuáles fueron las razones por las que nuestros antepasados vinieron a los Estados Unidos?

_____

_____

7. ¿Cómo se ganaban la vida?

_____

_____

8. ¿Hay figuras notables o alguien interesante en la historia de nuestra familia?

_____

_____

9. ¿Tenemos fotografías familiares antiguas que muestran quiénes fueron nuestros primeros parientes?

_____

_____

_____

Preguntas individuales:

10. ¿Dónde naciste y creciste?

_____

_____

_____

11. ¿Cuándo llegaste por primera vez a los Estados Unidos?

_____

_____

_____

12. ¿Qué te motivó a mudarte a los Estados Unidos?

_____

_____

_____

13. ¿Cómo viniste aquí?

_____

_____

_____

14. ¿Cómo fue tu viaje?

_____

_____

_____

15. ¿Enfrentaste algún desafío durante el viaje?

_____

_____

_____

16. ¿Cómo te sentiste al dejar tu país?

_____

_____

_____

17. ¿A qué ciudad llegaste a Estados Unidos?

_____

_____

_____

18. ¿Sabías hablar inglés? Si la respuesta es no, ¿qué idioma hablabas?

_____

_____

19. ¿Cómo fue aprender inglés?

_____

_____

20. ¿Fuiste a la escuela o a la universidad en tu país natal?

_____

_____

21. ¿Cómo fue asistir a la escuela en tu país?

_____

_____

22. ¿Solías tener amigos?

_____

_____

23. ¿Cuál era tu asignatura favorita en la escuela?

_____

_____

_____

24. ¿Fuiste a la escuela o a la universidad aquí en Estados Unidos?

_____

_____

_____

25. ¿Cómo fue asistir a la escuela en un país nuevo?

_____

_____

_____

26. ¿Cómo hiciste nuevos amigos?

_____

_____

_____

♥

27. ¿Cuáles son algunas diferencias entre la vida en Estados Unidos y tu país natal?

_____

_____

_____

28. ¿Hay algo que extrañes de tu país?

_____

_____

_____

29. ¿Qué consejo le darías a alguien que es nuevo en los Estados Unidos?

_____

_____

_____

30. ¿Qué puedo hacer para ayudar a los nuevos miembros de esta comunidad a sentirse bienvenidos e incluidos?

_____

_____

_____

④ Celebraciones y Tradiciones Familiares

Tradiciones

Antes de comenzar esta parte de tu exploración familiar, investiga un poco sobre las tradiciones y su importancia. Puedes utilizar las siguientes preguntas como guía y, a medida que avanzas, agrega tus propias notas en la página siguiente.

a) ¿Qué es una tradición?

b) Proporciona algunos ejemplos de tradición (tradiciones de nombres, tradiciones culinarias, etc.).

c) ¿Practican todas las familias las mismas tradiciones?

d) ¿Cuál es la importancia de las tradiciones?

e) ¿Cómo mantienen las tradiciones a las familias conectadas con su cultura o comunidad?

Ahora que tienes un poco más de información sobre las tradiciones, ¡profundicemos para conocer las tradiciones de tu familia! Puedes continuar entrevistando al mismo familiar o elegir a otro.

1. ¿Existen tradiciones que nuestra familia haya mantenido a lo largo de los años?

_____

_____

_____

2. ¿Cuál es tu tradición familiar preferida?

_____

_____

3. ¿Cuándo practicas esta tradición?

_____

_____

4. ¿Cuándo y quién empezó esta tradición familiar?

_____

_____

5. ¿Y qué hay de una tradición de nombres; tuvimos algún ritual de nombramiento?

_____

_____

6. ¿Hay alguna reliquia familiar que se haya pasado de generación en generación?

_____

Celebraciones

1. ¿Cuáles son algunos días especiales o motivos para celebrar en tu país natal?

_____

_____

_____

2. ¿Cuándo celebran allá el día de la independencia y de quiénes se independizaron?

_____

_____

_____

3. ¿Puedes hacer me un dibujo de la bandera de tu país de origen?

4. ¿Cuál es la celebración más famosa de tu país, y de qué se trata?

_____

_____

6. ¿Qué tipo de música, comida y/o disfraces se usan para esta celebración?

_____

_____

_____

_____

7. ¿Hay alguna celebración de tu país que se celebre aquí en Estados Unidos? Si es así, ¿cuándo, cómo y dónde?

_____

_____

Comida Típica

Definición: La comida típica se refiere a la comida que es representativa de una región, país o cultura en particular, y que refleja la identidad y tradiciones de esa comunidad.

1. ¿Cuáles son algunas comidas típicas de tu país?

_____

_____

2. ¿Las sigues cocinando aquí?

_____

_____

3. ¿Cuál era tu comida favorita cuando eras niño?

_____

_____

_____

4. ¿Tenemos alguna receta familiar especial? De ser así, ¿cómo se llama y en qué consiste?

_____

_____

_____

5. ¿Puedes compartir una receta familiar sencilla que yo pueda preparar?

_____

_____

_____

_____

_____

_____

_____

_____

_____

_____

_____

_____

_____

 # Mis Reflecciones

Puedo hacer que los vecinos recién llegados se sientan bienvenidos al…

_____

_____

_____

En la escuela, puedo ayudar a los estudiantes recién llegados al…

_____

_____

_____

Algunas formas en las que todos somos iguales, no importa donde vivamos son:

_____

_____

_____

Algunas formas en las que todos somos diferentes son:

_____

_____

_____

Sugiere algunas maneras de celebrar cómo somos diferentes.

Estados Unidos es un país diverso porque…

Una cosa buena que puede surgir al experimentar otra cultura además de la mía es...

 # Actividades
Divertidas en Familia

Las siguientes actividades las puedes realizar en familia, con la ayuda de un pariente o por tu cuenta. ¡Reúne los siguientes suministros y prepárate para crear!

¡Empecemos!

El Árbol Genealógico Invertido:
¡Un giro divertido!

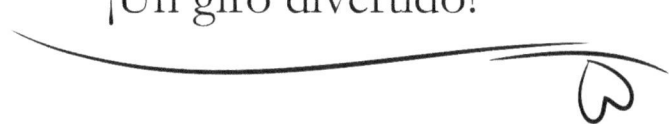

Lleva el árbol genealógico al siguiente nivel ¡invirtiéndolo! Comienza desde arriba contigo y tus hermanos (si los hay), luego avanza hasta la última persona de la familia. ¡Disfruta de la interesante perspectiva que proporciona este enfoque!

Lo que vas a necesitar:

- Papel (cartulina o papel de impresora normal); puedes elegir un solo color o utilizar diferentes colores para diferentes generaciones.
- Herramientas de dibujo: Lápices, crayones, marcadores, pinturas, ¡cualquier cosa para dar rienda suelta a tu creatividad!
- Decoraciones: fotografías, recortes de revistas, pegatinas, brillantina, botones, ¡lo que sea que haga que tu mapa destaque!
- Pegamento o cinta adhesiva.

Un Mapa de Vida

¿Listo para explorar el increíble viaje de tu vida hasta ahora? ¡Construye un mapa de vida, una línea de tiempo genial de todas las cosas maravillosas que han sucedido en tu vida!

Paso 1: ¡Reúne tus suministros!

- Papel: ¡Tu lienzo! Elije una hoja grande o piezas más pequeñas para unirlas más tarde.
- Herramientas de dibujo: Lápices, crayones, marcadores, pinturas, ¡cualquier cosa para dar rienda suelta a tu creatividad!
- Decoraciones: fotografías, recortes de revistas, pegatinas, brillantina, botones, ¡lo que sea que haga que tu mapa destaque!
- Hilo o cordel: Para conectar momentos importantes como un hilo mágico.
- Pegamento o cinta adhesiva.

Paso 2: ¡Viaja a través del tiempo!

- Cierra los ojos e imagínate cuando eras pequeñito. ¿Cuáles son algunos de los primeros recuerdos que tienes? ¿Tu primer cumpleaños, un viaje especial, aprender a montar bicicleta? Anótalos o haz pequeños dibujos.
- ¡Ahora viaja en el tiempo como un superhéroe! ¿Cuáles son algunos otros momentos importantes que recuerdas? ¿Nuevos amigos, obras de teatro en la escuela, pasatiempos apasionantes, divertidas aventuras familiares? ¡Añádelos a tu mapa!

Paso 3: ¡Sé creativo!

- Utiliza tus herramientas de dibujo para darle vida a tus recuerdos. Decora la escena de tu fiesta de cumpleaños con pegatinas brillantes o dibuja tu primera bicicleta ¡como un cohete que hace zoom!

- ¡No olvides tus decoraciones! Pega fotos de personas especiales, pega fotos de revistas de cosas que te encantan o agrega brillantina para que tu mapa brille como tu increíble personalidad.

Paso 4: ¡Conecta los puntos!
- Utiliza hilo para conectar tus recuerdos en orden cronológico. ¡Mira cómo tu vida es como un viaje genial, en el que cada momento lleva al siguiente!
- Incluso puedes añadir banderitas o etiquetas en la cuerda con breves descripciones de cada momento.

Paso 5: ¡Comparte tu historia!
¡Muestra el increíble mapa de tu vida a tu familia y amigos! Cuéntales las historias detrás de cada imagen, decoración y conexión.

Recuerda, no existe una forma correcta o incorrecta de crear tu mapa de vida. ¡Se trata de celebrar tu increíble vida y divertirte haciéndolo!

Consejo adicional: ¡Sigue agregando cosas a tu mapa de vida a medida que creas nuevos recuerdos! Esta genial línea de tiempo mostrará para siempre lo increíble que eres y todas las cosas extraordinarias que has logrado.

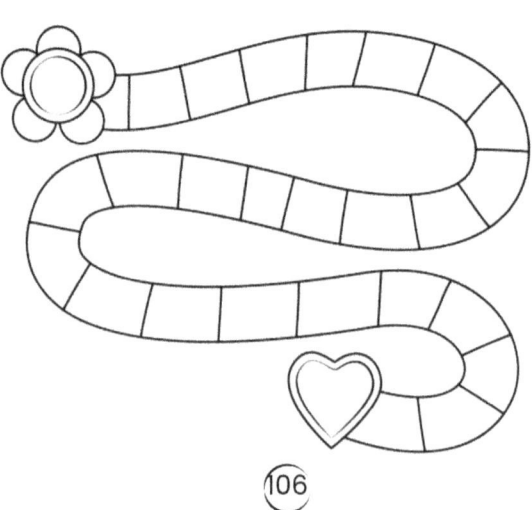

Plaza de una Tradición Cultural Familiar

Escoge una tradición familiar para explorar a través de la escritura o el dibujo. Crea una plaza que describa la tradición y su significado. ¡Recompénsate con tu merienda favorita si comparas tu tradición familiar con otras!

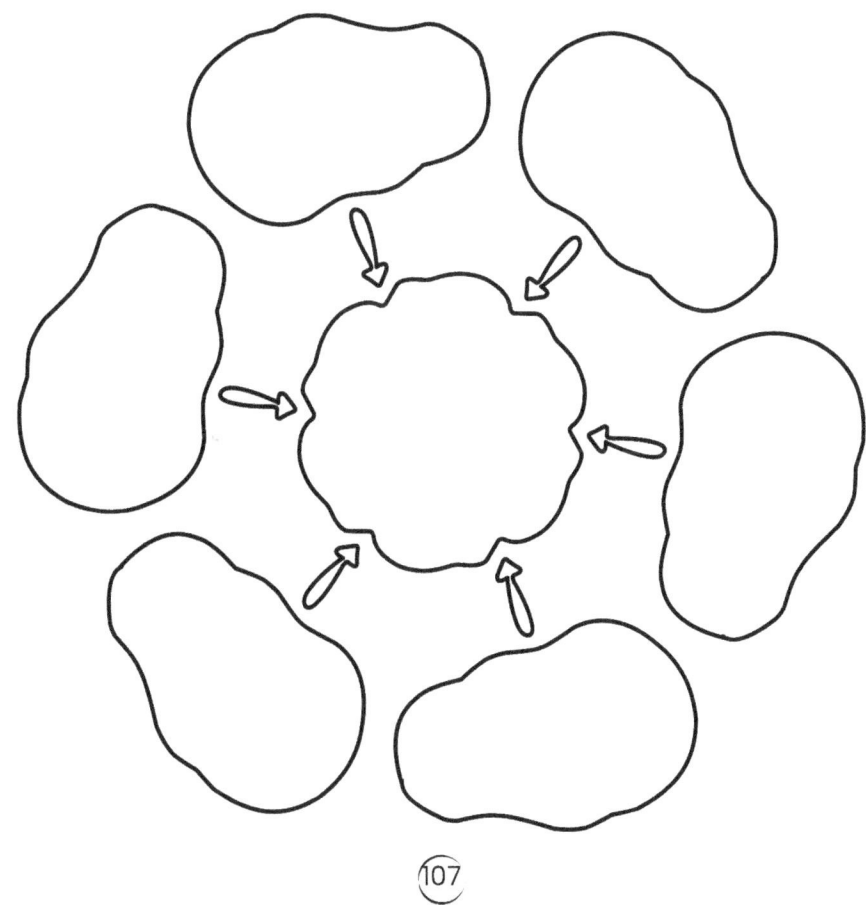

Fragmento Cultural

En el cuadro de abajo, dibuja la bandera de un país que no sea el tuyo. Comparte tres datos sobre la cultura, las tradiciones o las costumbres de ese país. Compara y contrasta la cultura de este país con la tuya. Identifica similitudes y diferencias en las tradiciones o costumbres.

Misiva de Primeras Experiencias

Imagina que eres uno de tus ancestros que acaba de llegar a los Estados Unidos. Describe la experiencia escribiendo una carta a un amigo o pariente.

Fecha _____

Querido/a _____

_____

_____

_____

_____

_____

_____

_____

_____

_____

_____

Un Árbol Literal

Si tu familia pudiera ser representada como un árbol, ¿Qué tipo de árbol sería?

Instrucciones
Cierra los ojos y respira profundamente. Imagina que estás en una aventura en un soleado día, explorando un bosque lleno de grandes árboles. Siente la luz del sol filtrándose entre las hojas, escucha el susurro del viento, huele el olor a tierra de la corteza… Luego, abre los ojos y pregúntate: «Si mi familia fuera un árbol, ¿qué tipo de árbol sería?». Dibújalo a continuación.

¡Pista! Puedes responder las siguientes preguntas como guía para ayudarte a dibujar tu árbol, o pasar directamente al dibujo:

Tronco y corteza
- ¿Cómo es tu árbol? ¿Es alto y fuerte o pequeño y débil?
- ¿La corteza es áspera y llena de baches, lisa y brillante, o algo intermedio?
- ¿De qué color es la corteza?
- ¿Tiene algún patrón o marca interesante?

Ramas
- ¿Cómo son las ramas? ¿Se extienden ampliamente, crecen muy juntas o ascienden en espiral?
- ¿Crecen ramitas o palitos pequeños de las ramas? ¿Están estos desnudos o con hojas?

Hojas

- ¿Las hojas son grandes y anchas, pequeñas y con forma de aguja, o algo intermedio?
- ¿Tienen bordes lisos o con espinas?
- ¿De qué color son las hojas? ¿Cambian de color a lo largo del año?
- ¿Las hojas son lisas, ásperas, peludas o están en algún punto intermedio?

Impresión general

- ¿Qué tipo de sentimiento te hace sentir el árbol?
- ¿Parece feliz y animado, misterioso y antiguo, o algo completamente distinto?
- ¿Qué hace que este árbol sea especial o diferente de otros?

Reportero de Viajes

Elige la ciudad natal de algún pariente e investiga un poco sobre cómo era durante la época de dicho pariente (mira artículos de periódico, fotografías y postales de ese tiempo, etc.). Luego, imagina que eres un periodista que escribe sobre viajes y turismo, y escribe un breve reportaje para el periódico destacando las atracciones de esa ciudad.

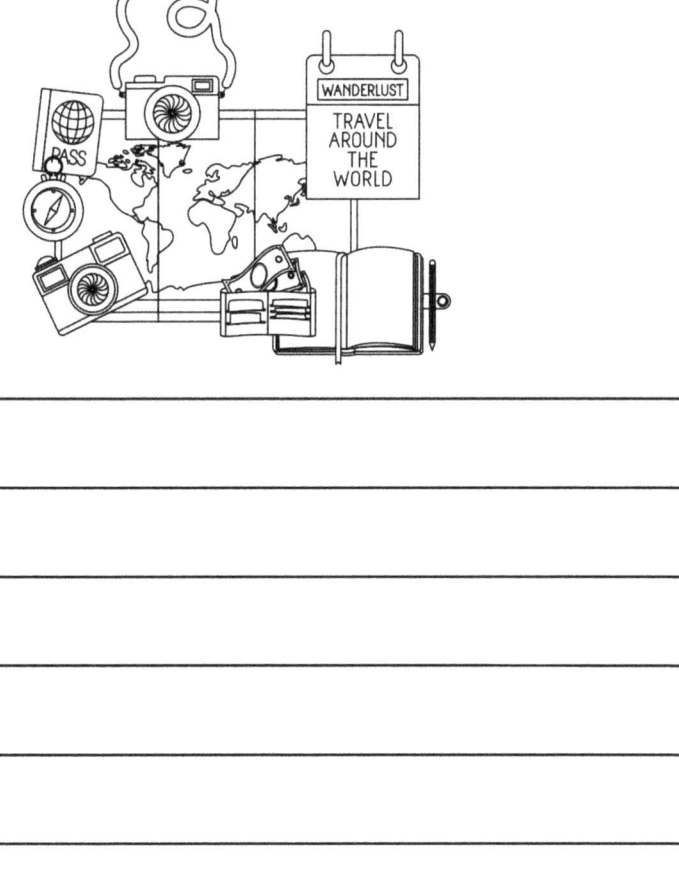

_____

_____

_____

_____

_____

_____

_____

_____

Una Receta Familiar

Una receta son instrucciones que te indican cómo preparar comida en casa. Pídele a alguno de tus parientes una receta familiar que sea fácil de preparar. En la plantilla de abajo, haz una lista de los ingredientes y anota los pasos para prepararla ¡y cocinen juntos! Recuerda tomar fotografías de tu pieza culinaria y pegarlas aquí en tu diario.

Receta: _____

Ingredientes:

_____   _____

_____   _____

_____   _____

_____   _____

_____   _____

Preparación:

_____

_____

_____

_____

_____

Collage de Historias:
Un tesoro de recuerdos

¡Haz un tapiz vibrante de la historia de tu familia, tejido a partir de fragmentos de memoria, instantáneas del tiempo y susurros del pasado! Es una oportunidad para celebrar tu herencia, conectar con tus seres queridos y crear una reliquia única para las generaciones venideras.

Reúne tus materiales:
- Lienzo grande o cartulina: Elige una superficie resistente lo suficientemente grande como para mostrar la historia de tu familia.
- Tesoros fotográficos: Explora los álbumes familiares antiguos o escanea archivos digitales. Elige fotografías que evoquen emociones y capturen momentos memorables.
- Material efímero en papel: Talones de billetes, postales, cartas, recortes de periódicos e incluso dibujos de la infancia: estas piezas añaden dimensión y cuentan historias nunca contadas.
- Elementos decorativos: Cintas, encajes, retales de tela, botones, flores secas: deja volar tu creatividad y personaliza tu collage con materiales significativos.
- Pegamento o cinta adhesiva.
- Tijeras o cúter: Para recortar fotografías y añadir elementos decorativos.
- ¡Rotuladores o marcadores o bolígrafos: Para añadir anotaciones escritas a mano, fechas o incluso citas familiares divertidas.

¡Empieza el viaje!

1. Hacer una lista de ideas juntos: Reúne a tu familia (jóvenes y mayores), y compartan historias, recuerdos y anécdotas. Anota eventos clave, momentos divertidos y personas importantes para incluir en tu collage.

2. Tematizar o fluir libremente: ¿Quieres un viaje cronológico a través de generaciones, una celebración de las tradiciones familiares o centrarte en individuos específicos? Decide un tema o deja que las historias guíen tu diseño.

3. Organizar y superponer: Juega con tamaños, posiciones y superposiciones de fotografías. Crea puntos focales utilizando fotografías más grandes u objetos significativos. No tengas miedo de colocar capas de objetos efímeros y decoraciones para agregar profundidad y textura.

4. Dejar que los recuerdos hablen: Agrega leyendas, fechas, nombres o citas divertidas escritas a mano junto a fotografías y objetos. Estos fragmentos darán vida a tu collage y generarán conversaciones futuras.

5. Personalización: Utiliza reliquias familiares, baratijas con valor sentimental u obras de arte caseras para que tu collage sea verdaderamente único. Esto agrega un toque personal y cuenta una historia más profunda.

6. Hazlo tuyo: Esta es la historia de tu familia, así que no temas inyectar tu propia personalidad y talento creativo. Utiliza fuentes divertidas, combinaciones de colores y estilos de diseño que resuenen contigo.

7. Celebra y comparte: Una vez completado, ¡reúne a tu familia para una gran inauguración! Compartan las historias detrás de las fotos, ríanse de momentos olvidados y celebren el viaje de creación de este tesoro atemporal.

Recuerda:
- No existen formas incorrectas de crear un collage de historia familiar. Es tu historia, tu lienzo, tu tesoro.
- Diviértete, sé juguetón y acepta el proceso de descubrimiento.
- Este es un esfuerzo colaborativo, así que involucra a todos y deja que los recuerdos brillen.
- Lo más importante es que disfrutes el viaje de aprender sobre tu familia, fortalecer los vínculos y crear una parte tangible de tu historia compartida.

Resumen Sobre mi Familia & Cultura

Mi familia es de origen:

Algunos juegos que disfrutamos juntos son:

En casa, hablamos el idioma:

Actividades al aire libre que practicamos juntos:

Libros que disfrutamos de leer juntos:

Música que disfrutamos
escuchar juntos:

Comida que disfrutamos
preparar juntos:

Nos gusta celebrar
días especiales como:

Algunas tradiciones
familiares:

_____

_____

_____

Algunas comidas típicas
que preparamos en casa:

_____

_____

_____

_____

_____

_____

www.ingramcontent.com/pod-product-compliance
Lightning Source LLC
Chambersburg PA
CBHW051216120626
46547CB00013B/1383